AF202412

Tucholsky Wagner Zola Scott Sydow Freud Schlegel
Turgenev Wallace Fonatne
Twain Walther von der Vogelweide Fouqué Friedrich II. von Preußen
Weber Freiligrath Frey
Fechner Weiße Rose von Fallersleben Kant Ernst Frommel
Fichte Richthofen
Hölderlin
Engels Fielding Eichendorff Tacitus Dumas
Fehrs Faber Flaubert
Maximilian I. von Habsburg Fock Eliasberg Zweig Ebner Eschenbach
Feuerbach Eliot
Ewald Vergil
Goethe London
Elisabeth von Österreich
Mendelssohn Balzac Shakespeare Dostojewski Ganghofer
Lichtenberg Rathenau Doyle Gjellerup
Trackl Stevenson Hambruch
Mommsen Tolstoi Lenz Droste-Hülshoff
Thoma Hanrieder
Dach Verne von Arnim Hägele Hauff Humboldt
Reuter Rousseau Hagen
Karrillon Garschin Hauptmann Gautier
Damaschke Defoe Hebbel Baudelaire
Descartes
Hegel Kussmaul Herder
Wolfram von Eschenbach Schopenhauer
Bronner Darwin Dickens Rilke George
Melville Grimm Jerome
Campe Horváth Aristoteles Bebel Proust
Bismarck Vigny Barlach Voltaire Federer Herodot
Gengenbach Heine
Storm Casanova Tersteegen Grillparzer Georgy
Lessing Gilm
Chamberlain Langbein
Brentano Gryphius
Strachwitz Claudius Schiller Lafontaine
Kralik Iffland Sokrates
Katharina II. von Rußland Bellamy Schilling
Gerstäcker Raabe Gibbon Tschechow
Löns Hesse Hoffmann Gogol Wilde Vulpius
Luther Heym Hofmannsthal Gleim
Klee Hölty Morgenstern
Roth Goedicke
Luxemburg Heyse Klopstock Puschkin Homer Kleist
La Roche Horaz Mörike Musil
Machiavelli Kierkegaard Kraft Kraus
Navarra Aurel Musset
Lamprecht Kind Kirchhoff Hugo Moltke
Nestroy Marie de France
Nietzsche Nansen Laotse Ipsen Liebknecht
Marx Ringelnatz
von Ossietzky Lassalle Gorki Klett Leibniz
May vom Stein Lawrence Irving
Petalozzi Knigge
Platon Pückler
Sachs Poe Michelangelo Kock Kafka
Liebermann Korolenko
de Sade Praetorius Mistral Zetkin

Der Verlag tradition aus Hamburg veröffentlicht in der Reihe **TREDITION CLASSICS** Werke aus mehr als zwei Jahrtausenden. Diese waren zu einem Großteil vergriffen oder nur noch antiquarisch erhältlich.

Symbolfigur für **TREDITION CLASSICS** ist Johannes Gutenberg (1400 — 1468), der Erfinder des Buchdrucks mit Metalllettern und der Druckerpresse.

Mit der Buchreihe **TREDITION CLASSICS** verfolgt tradition das Ziel, tausende Klassiker der Weltliteratur verschiedener Sprachen wieder als gedruckte Bücher aufzulegen – und das weltweit!

Die Buchreihe dient zur Bewahrung der Literatur und Förderung der Kultur. Sie trägt so dazu bei, dass viele tausend Werke nicht in Vergessenheit geraten.

Glasarchitektur

Paul Scheerbart

Impressum

Autor: Paul Scheerbart
Umschlagkonzept: toepferschumann, Berlin

Verlag: tredition GmbH, Hamburg
ISBN: 978-3-8424-9306-3
Printed in Germany

Paul Scheerbart

Glasarchitektur

Abschnitte I – XXX

BRUNO TAUT gewidmet

Hony soit qui mal y pense

I

Das Milieu und sein Einfluß auf die Entwicklung der Kultur

Wir leben zumeist in geschlossenen Räumen. Diese bilden das Milieu, aus dem unsre Kultur herauswächst. Unsre Kultur ist gewissermaßen ein Produkt unsrer Architektur. Wollen wir unsre Kultur auf ein höheres Niveau bringen, so sind wir wohl oder übel gezwungen, unsre Architektur umzuwandeln. Und dieses wird uns nur dann möglich sein, wenn wir den Räumen, in denen wir leben, das Geschlossene nehmen. Das aber können wir nur durch Einführung der Glasarchitektur, die das Sonnenlicht und das Licht des Mondes und der Sterne nicht nur durch ein paar Fenster in die Räume läßt – sondern gleich durch möglichst viele Wände, die ganz aus Glas sind – aus farbigen Gläsern. Das neue Milieu, das wir uns dadurch schaffen, muß uns eine neue Kultur bringen.

II

Die Veranda

Es ist selbstverständlich, daß man zunächst das rasch Erreichbare im Auge behält. Und da wird man zunächst eine Umwandlung der Veranda vornehmen. Sie ist leicht zu vergrößern und zunächst auf drei Seiten mit doppelten Glaswänden zu umgeben. Beide Wände sind farbig zu ornamentieren. Und wenn das Licht zwischen den Wänden angebracht ist, so wird die Veranda des Abends innerlich und äußerlich sehr imposant wirken. Soll noch ein Blick in den Garten gewährt werden, so ist dieses ja bequem durch durchsichtige Fensterscheiben zu erreichen. Man tut aber gut, diese Scheiben nicht »fensterartig« einzufügen. Die Luft wird besser durch Ventilatoren eingeführt.

Für bescheidene Ansprüche ist somit jedem Villenbesitzer sehr leicht möglich, zu einer Glasarchitektur zu gelangen. Der erste Schritt ist sehr leicht und bequem.

III

Der Botanische Garten zu Dahlem

Eine Glasarchitektur besitzen wir bereits – und zwar in den botanischen Gärten. Der Botanische Garten zu Dahlem bei Berlin zeigt, daß bereits ganz imposante Glaspaläste aufgeführt sind. Allerdings – es fehlt die Farbe. Aber in der Abendsonne wirkt das Palmenhaus und das Kalthaus so herrlich, daß man wohl einen Begriff bekommt, was zu erzielen ist, wenn die Farben auch am Tage da sind. Das Palmenhaus ist besonders interessant: außen die freitragende Eisenkonstruktion, das das Glas haltende Holzsprossenwerk innen, sodaß kein Rostwasser entsteht und das Eisen immer wieder frisch angestrichen werden kann. Das Holz ist natürlich seiner Vergänglichkeit wegen k e i n imponierendes Baumaterial. Das Schlimmste jedoch ist, daß die Glaswände einfach und nicht doppelt da sind; dadurch ist der Heizaufwand im Winter einfach ein enormer.

Die Direktion erzählt in einem ihrer »Führer« mit unberechtigtem Stolze, daß im Winter bei −10 ° Celsius des Morgens um 8 Uhr an einem einzigen Tage ein Waggon mit 300 Centnern bester schlesischer Steinkohle verheizt wird.

Man wird zugeben, daß das ein wenig viel ist und nicht mit Stolz betont werden dürfte. Einem derartigen Heizaufwande hätte mit doppelten Glaswänden begegnet werden müssen.

IV

Die doppelten Glaswände, Licht, Heizung und Kühlung

Da die Luft einer der schlechtesten Wärmeleiter ist, so ist die doppelte Glaswand für die ganze Glasarchitektur Bedingung. Die Wände können einen Meter voneinander entfernt sein – auch noch einen größeren Zwischenraum haben. Das Licht zwischen diesen Wänden leuchtet nach außen und nach innen. Sowohl die äußeren wie die inneren Wände können farbig ornamentiert sein. Wenn dabei zu viel Licht durch die Farbe verschluckt wird, so ist die Außenwand auch ganz hell zu lassen; dann empfiehlt es sich nur, das Licht zwischen den Wänden nach außen mit einem farbigen Glasschirm zu versehen, damit das Wandlicht des Abends auf der Außenseite nicht einfach grell erscheint.

Heiz- und Glühkörper zwischen die Wände zu bringen, wird sich in den meisten Fällen nicht empfehlen, da dadurch zu viel Wärme oder Kälte an die Außenluft abgegeben wird.

Wohl aber kann man Heiz- und Kühlkörper in Ampelform im Innenraume unterbringen, da ja dort alle Lichtampeln zum Teil überflüssig sind, wenn die Wände das Licht spenden.

Selbstverständlich empfiehlt es sich, zunächst nur in der gemäßigten Zone Glashäuser zu bauen und nicht gleich in Äquatorial- und Polargegenden; in der wärmeren Zone wird man wohl ohne weiß gehaltenes Eisenbetondach nicht auskommen, doch in der gemäßigten Zone kommt das weiße Eisenbetondach nicht als Notwendigkeit in Betracht.

Für die Heizung sind auch elektrische Heizteppiche zu empfehlen, die auch den Boden bedecken können.

V

Die Eisengerippe und die Eisenbetongerippe

Die Eisengerippe sind natürlich für die Glasarchitektur unentbehrlich. Ein außerordentlicher Aufschwung der Schwerindustrie muß dadurch herbeigeführt werden. Wie nun das Eisen gegen Rost zu schützen ist, das ist noch nicht in zufriedenstellender Art gelöst. Es gibt sehr viele Mittel, dem Roste zu begegnen. Welches Mittel das beste ist, wissen wir noch nicht. Der einfache Anstrich in der bislang üblichen Weise läßt in ästhetischer Hinsicht soviel zu wünschen übrig, daß der Glasarchitekt wohl darauf bedacht sein muß, Besseres zu bieten. Dieses können wir aber ruhig der Entwicklung überlassen.

Ist man bereit, dem Gerippe größere Dimensionen einzuräumen, womit man sich ja ohne weiteres einverstanden erklären kann, da ja nicht jeder Zoll des Glashauses aus Glas zu sein braucht, so wird man das Eisenbetongerippe wohl in Erwägung ziehen dürfen.

Der Eisenbeton hat sich ja als Baumaterial so vortrefflich bewährt, daß zu seinen Gunsten hier garnicht weiteres zu sagen ist.

Der Eisenbeton ist auch künstlerisch umzubilden – entweder farbig zu machen oder durch Meißelarbeit ästhetisch wirkend auszugestalten.

VI

Die innere Umrahmung der Glasflächen

Das Eisen- oder Eisenbetongerippe umrahmt das Glas im großen und ganzen, aber die Glasflächen müssen noch eine innere kleinere fensterartige Umrahmung haben. Für diese wurde im Botanischen Garten zu Dahlem, wie schon erwähnt, vergängliches Holz verwertet. Für das Holz muß nun ein haltbareres Material gefunden werden. Das Eisen ist wohl haltbarer, muß jedoch gegen Rost geschützt werden. Das ist durch Vernickelung oder Anstrich zu erreichen. Letzter ist, wie schon gesagt, ästhetisch nicht einwandfrei, muß auch sehr oft erneuert werden. Vielleicht ist der Eisenbeton auch hier ein ideales Baumaterial, er nimmt wohl nicht zu viel Fläche in Anspruch.

Es kämen noch verschiedene neue Baumaterialien in Betracht, diese sind aber noch nicht so geprüft, daß hier näher auf die neuen, für Umrahmung der Glasflächen geeigneten Materialien eingegangen werden könnte. Das ist auch Sache des Fachmannes, der schon das Richtige finden wird. Jedenfalls kommen nur sehr feste und rostfreie Materialien in Betracht; das Holz ist nicht haltbar und darf in Eisenkonstruktionen nur als Notbehelf Verwendung finden. Auch in Brücken, die ganz aus Eisen und Eisenbeton konstruiert sind, findet das Holz keine Verwendung mehr. Die Glasarchitektur ist aber zur Hälfte ebenfalls Eisenarchitektur; die Schwerindustrie hat dadurch ein ganz neues Absatzgebiet gewonnen, das den Konsum des Eisens mindestens um das Zehnfache steigern muß.

VII

Die Vermeidung des Holzes im Mobiliar und in der Innendekoration

Das Holz ist aber auch im Innern des Glashauses zu vermeiden; es paßt eben einfach nicht mehr in die Situation. Schränke, Tische, Stühle usw. werden auch aus Stahl und Glas hergestellt werden müssen, wenn das ganze Milieu einheitlich wirken soll. Das wird natürlich der Holzindustrie einen empfindlichen Stoß versetzen. Man wird natürlich den vernickelten Stahl mit Email und Niello verzieren müssen, damit das Mobiliar ästhetisch so stark wirken kann – wie die durchaus verehrungswürdige Holzschnitzerei und die Holzschränke mit eingelegten anderen Holzarten usw. usw.

Das Holz ist seiner Vergänglichkeit wegen zu vermeiden. Die Verwertung des Eisens im Eisenglasbau liegt aber einfach in der Entwicklungslinie.

VIII

Das Mobiliar in der Mitte des Zimmers

Daß das Mobiliar im Glashause nicht an die kostbaren, farbig ornamentierten Glaswände gestellt werden darf, wird wohl »selbstverständlich« erscheinen. Diese Revolution im Milieu ist beim besten Willen nicht zu vermeiden. Die Bilder an den Wänden sind natürlich total unmöglich.

Da wird die Glasarchitektur einen schweren Kampf auszufechten haben. Doch die Macht der Gewohnheit muß überwunden werden. Und die associativen Vorstellungen aus der Zeit der Großväter dürfen nicht mehr ausschlaggebend im neuen Milieu mitwirken.

Alles Neue hat eben mit dem eingewurzelten Alten einen schweren Kampf auszufechten; es geht nicht anders, wenn das Neue sich durchsetzen will.

IX

Die größere Veranda und ihre Unabhängigkeit vom Hauptgebäude

Wer seine Veranda auf drei Seiten mit farbig ornamentiertem Glase versehen hat, wird sehr bald mehr von der Glasarchitektur haben wollen. Das eine ergibt das andere, und ein Stillstand in der Entwicklung ist nicht denkbar. Und so wird denn die Veranda immer größer werden und sich schließlich ganz vom Hauptgebäude emanzipieren und selber Hauptgebäude sein mögen.

Diese Entwicklung der Veranda zu fördern, wird Hauptaufgabe jedes Glasarchitekten sein.

X

Gartenhäuser und Kioske

Die alten Araber lebten viel mehr in ihren Gärten als in ihren Schlössern. Darum entwickelten sich bei ihnen die Gartenhäuser und Kioske sehr rasch. Leider ist, da man immer wieder das vergängliche Holz als Baumaterial verwandte, von dieser arabischen Gartenarchitektur nichts übrig geblieben.

Aufgabe des modernen Architekten ist daher, für Gartenhäuser und Kioske nur das beste Eisen- und Eisenbetonmaterial zu verwenden und die doppelten, farbig ornamentierten Glaswände überall im Garten zu befürworten.

Vom Garten aus wird sich die Glasarchitektur am besten einführen lassen; jeder Besitzer eines größeren Gartens wird wohl geneigt sein, ein Gartenhaus aus Glas zu besitzen.

XI

Die Steinfliesen und Majoliken auf den Gartenwegen

Die Araber hatten in allen ihren Gärten Steinparkett und auch wohl solches aus Majolika; sie versetzten dadurch den Teppichgeschmack in den Garten.

Die Holländer haben das den Arabern nachgemacht. Und es wird sich wohl empfehlen, daß die modernen Glasarchitekten auch ihre Gartenwege mit Stein- und Majolikafliesen belegen und dadurch die Pracht der Glaspaläste würdig umrahmen.

XII

Steinholz und der beste Bodenbelag im Hause

Es läßt sich nun kaum vermeiden, auf viele neue Baumaterialien einzugehen. Doch das soll nur andeutungsweise geschehen. So wird fugenloser Steinholzfußboden sehr empfohlen; ob er auch für das Haus mit seinen bunten, farbigen Glaswänden geeignet ist, läßt sich ja nicht so leicht entscheiden. Jedenfalls kommt als bester Bodenbelag natürlich noch mancher andere Stoff in Frage – auch Steinparkett, das mosaikartig nur aus Steinen besteht. Aber Steinholz soll sehr beständig sein. Deshalb ist es gut. Man wird wohl auch im Hause auf dem Bodenbelag mit den Farben sparsam sein müssen, um eine Kontrastwirkung den Wänden gegenüber zu erzielen.

XIII

Der »Sachstil«

Der verehrliche Leser dürfte vielleicht die Empfindung haben, daß die Glasarchitektur ein wenig kühl ist. Aber – in der warmen Jahreszeit ist das I(ühle doch ganz angenehm.

Jedenfalls möchte ich behaupten, daß auch die Farben im Glase sehr glühend wirken können; vielleicht strömen sie eine »neue« Wärme aus.

Damit das bislang Gesagte eine etwas wärmere Atmosphäre bekommt, möchte ich hier in der hitzigsten Weise den ornamentlosen, sogenannten »Sachstil« bekämpfen, da er unkünstlerisch ist.

Es ist das schon oftmals von anderer Seite geschehen. Es geschehe hiermit aber noch einmal.

Als Übergangsperiode erscheint mir der »Sachstil« wohl akzeptabel, jedenfalls hat er der Nachahmung der älteren Stile den Garaus gemacht. Diese älteren Stile sind ja Produkte der Backsteinarchitektur und der Holzmöbel.

Die Ornamentik im Glashause wird sich also wohl ganz selbständig entwickeln – die Ornamentik des Orients, der Teppiche und Majoliken so umbilden, daß von Nachahmung in der Glasarchitektur hoffentlich niemals gesprochen werden dürfte.

Hoffen wir's!

XIV

Die Verkleidung des Baumaterials und ihre Berechtigung

Eine Hausfront mit vergänglicher Stuckplastik zu umkleiden, ist natürlich verwerflich, auch der einfache Farbenanstrich, der der Witterung nicht Stand hält, verbietet sich von selbst. Die Architekten haben deshalb »jede« Verkleidung für unberechtigt erklärt und zeigen deshalb auch die Backsteinfront ganz nackt. Ein scheußlicher Anblick! Backstein wirkt nur, wenn er verwittert ist und Ruinencharakter zeigt – dann wirkt er eben wie eine Ruine. Die alten Ägypter umkleideten ihre Backsteinpyramiden mit glatten Granitflächen.

Die sind nicht zugrunde gerichtet, sondern gestohlen worden. Wenn letztes geschieht, ist eine Erhaltung natürlich ausgeschlossen.

Die Verkleidung eines minderwertigen Materials ist nach meinem Dafürhalten durchaus berechtigt.

Da man nun sehr viele Nutzbauten hat, die nicht durch Glasbauten von heute bis morgen zu ersetzen sind, so kann man sehr wohl an eine dauerhafte Umkleidung dieser Nutzbauten (Fabriken, Hafenanlagen usw.) denken. Emailplatten auf Eisen und Majoliken eignen sich durchaus. Alte Mauern, Zäune aus Backstein, Stallungen usw. können ebenso umkleidet werden.

Auch lassen sich Häuser durch Dachgärten einen passablen Anstrich verleihen, wenn in diesen Dachgärten Glaspavillons in größerer Zahl aufgerichtet werden.

XV

Die Politur des Eisenbetons und dessen plastische Bearbeitung

Der Eisenbeton ist ein Baumaterial, das sehr fest und wetterbeständig ist. Mit Recht hat also der Architekt den Eisenbeton für ein ideales Baumaterial erklärt. Es ist nur bedauerlich, daß es nicht durchsichtig ist. Das ist allein das Glas.

Aber – der Eisenbeton ist nicht ansehnlich, wenn er im natürlichen Zustande bleibt. Deshalb ist die Politur des Eisenbetons, die ausgeführt werden kann, sehr zu empfehlen; der Politur soll sich auch wetterbeständige Farbe zufügen lassen.

Außerdem ist der Eisenbeton auch mit plastischem Ornament zu versehen; er ist ebenso leicht mit dem Meißel zu bearbeiten wie Granit. Granit ist ja nicht grade »leicht« zu bearbeiten, aber es geht doch.

XVI

Email und Niello in Lamellen auf Eisenbeton

Da sich Lamellen aus Metall beim Guß des Eisenbetons in dessen Oberfläche pressen lassen, so läßt sich diese mit Email – eventuell mit durchsichtigem Email cloisonné ausfüllen.

Bei Ausmeißelung kleiner Flächen sind diese auch mit Niello zu versehen. Lackniello wird sich nur im Innern des Raumes anbringen lassen. Im Äußern würde Metallniello sehr gut wirken; es sollten aber nur edle Metalle Verwendung finden; die Patina der Bronze käme ebenfalls in Frage.

Glasmosaik ist natürlich auch möglich.

XVII

Die Glashaare im Kunstgewerbe

Daß sich Glas auch zu spinnbaren Haaren ausbilden läßt, ist von vielen vergessen worden.

Die Geschichte ist aber über vierzig Jahre alt. Vielleicht noch älter. Ich weiß es nicht.

Diese Glashaare könnten im Kunstgewerbe eine ganz neue Industrie erzeugen; Diwandecken, Sessellehnen usw. sind aus Glashaaren möglich.

XVIII

Die Schönheit der Erde, wenn die Glasarchitektur überall da ist

Die Erdoberfläche würde sich sehr verändern, wenn überall die Backsteinarchitektur von der Glasarchitektur verdrängt würde.

Es wäre so, als umkleidete sich die Erde mit einem Brillanten- und Emailschmuck.

Die Herrlichkeit ist garnicht auszudenken.

Und wir hätten dann auf der Erde überall Köstlicheres als die Gärten aus tausend und einer Nacht.

Wir hätten dann ein Paradies auf der Erde und brauchten nicht sehnsüchtig nach dem Paradiese im Himmel auszuschauen.

XIX

Die gotischen Dome und Burgen

Die Glasarchitektur ist nicht ohne die Gotik zu denken. Damals, als die gotischen Dome und Burgen entstanden, hatte man auch eine Glasarchitektur gewollt. Sie kam nur nicht ganz zur Ausführung, weil man noch nicht das unerläßliche Eisenmaterial zur Verfügung hatte. Dieses erst gestattet, den ganzen Glastraum zu realisieren.

Zur Zeit der Gotik war das Glas in den meisten Privathäusern noch ganz unbekannt. Heute ist das Glas in jedem Hause bereits ein Hauptfaktor der Architektur. Allerdings: ihm fehlt noch die Farbe.

Aber auch die Farbe wird kommen . . .

XX

Hellas ohne Glas, Orient mit Ampeln und Majolikafliesen

Im alten Hellas war das Glas ziemlich unbekannt. Doch schon vor der hellenischen Kultur gab es in den Ländern am Euphrat und Tigris viele bunte Glasampeln und glänzende Majolikafliesen. Schon um 1000 vor Christus. Der vorderasiatische Orient ist also die sogenannte Wiege der Glaskultur.

XXI

Glas, Email, Majolika und Porcellan

Alle Baumaterialien, die haltbar und in wetterbeständigen Farben zu erhalten sind, haben Existenzberechtigung. Der zerbröckelnde Backstein und das brennbare Holz haben k e i n e Existenzberechtigung; ein Backsteinbau ist auch leicht zu zertrümmern durch Sprengstoffe, die immer gleich dem ganzen Gebäude gefährlich werden, während dieses beim Glaseisenbau nicht der Fall ist; in diesem kann immer nur eine partielle Zerstörung durch Sprengstoffe herbeigeführt werden.

Wo die Verwendung des Glases nicht möglich ist, läßt sich Email, Majolika und Porcellan verwenden, die wenigstens haltbare Farbe zeigen können, wenn sie auch nicht lichtdurchlassend sind wie das Glas.

XXII

Die Tiffany-Effekte

Der berühmte Amerikaner Tiffany, der das sogenannte Tiffany-Glas einführte, hat dadurch die Glasindustrie sehr gefördert; er führte die F a r b e n w o l k e n in das Glas. Durch diese Wolken sind die herrlichsten Effekte möglich – und die Wände erhalten dadurch ganz neue Reize, die allerdings die Ornamentik in den Hintergrund bringen, sie aber an besonderen Stellen nicht unmöglich machen.

XXIII

Die Vermeidung der Quecksilberspiegeleffekte

Wenn die Gefährlichkeit der Tiffany-Effekte auch nicht ganz geleugnet werden darf – sie sind im übrigen nur in unkünstlerischen Händen gefährlich – so sollte man doch den Quecksilberspiegeleffekten nur im Ankleideraum ein Nützlichkeitsdasein gestatten.

In den andern Räumen des Hauses sind die Spiegeleffekte, die ihre Umgebung immer wieder in andrer Beleuchtung widerspiegeln, für die architektonische Gesamtwirkung störend, da sie nicht Bleibendes haben.

Wo Kaleidoskopeffekte gewünscht werden, sind sie wohl berechtigt – sonst aber tut man gut, dem Quecksilberspiegel aus dem Wege zu gehen; er ist gefährlich – wie ein Gift.

XXIV

Die Vermeidung des Figürlichen in der Architektur

Wenn Architektur Raumkunst ist, so ist das Figürliche n i c h t Raumkunst und paßt daher in die Architektur nicht hinein.

Der tierische und menschliche Körper ist für die Bewegung geschaffen, die Baukunst ist n i c h t für die Bewegung geschaffen, ist deshalb auf das Stilisierte und das Ornament angewiesen.

Nur sollte man das Pflanzen- und Steinreich der Erde stilisieren – oder besser das ganz frei Erfundene – nicht aber an Stilisierung des Tier- und Menschenkörpers denken. Daß dieses die alten Ägypter taten, rechtfertigt die Sache heute durchaus nicht; u n s r e Götter bringen wir mit dem Tier- und Menschenkörper nicht mehr zusammen.

XXV

Der Gartenarchitekt und die Baum- und Pflanzenwelt zur Rokokozeit

Zur Rokokozeit ging man mit den Bäumen und Pflanzen so um, als wenns ein knetbarer Lehm wäre; die Bäume wurden der perspektivischen Wirkung wegen zu Wänden geschnitten, die Taxushecken zu geometrischen Figuren. Jedenfalls beherrschte der Architekt den Garten. Er sollte es heute auch tun. Aber die mühselige Behandlung des pflanzlichen und baumartigen Materials lohnt doch wohl nicht – schon der verschiedenen Jahreszeiten und der Vergänglichkeit wegen nicht.

Mehr Glaswände im Garten würden diesem ein ganz anderes Ansehen geben, den Garten der Hausarchitektur angliedern, wenn diese Hausarchitektur Glasarchitektur ist. Es ist garnicht auszudenken, welch wundervolle Wirkungen dadurch erzielt werden könnten. In der Nähe von Teichen ließe sich wohl auch gelegentlich eine Spiegelwand denken. Nur ist mit ihr sehr sparsam umzugehen.

XXVI

Die Türe

In unsrer technischen Zeit ist die Entwicklung sehr rasch gekommen; das vergessen wir oft. Es ist nicht einzusehen, warum die Entwicklung plötzlich langsamer gehen soll. Vor 50 Jahren hatte noch keine einzige Stadt in Deutschland Wasserleitung und Kanalisation. 50 Jahre später wird man sich eine Wohnung ohne Vacuumstaubsauger nicht mehr denken können. Und vieles andre wird da sein, was uns heute noch immer utopisch vorkommt, obgleich doch die Dinge, die ausgeführt werden können wie die Glasarchitektur, nie und nimmer utopisch genannt werden dürfen.

Und so wird auch die Türe im Glashause eine andre sein als die Türen, die heute noch in den Backsteinhäusern zumeist üblich sind.

Die sich selbst schließenden Türen sind heute Gemeingut. Aber die sich selber öffnenden Türen können ebenfalls demnächst Gemeingut sein. Es ist nicht nötig, daß sich die äußeren Türen von selber öffnen, aber wenn sich die inneren Türen von selber öffnen, so ist das wie ein freundliches Entgegenkommen des Hausbesitzers, obgleich er gar keine Handbewegung dazu beizutragen braucht.

Der Mechanismus ist durch Auftreten auf eine weiche Platte ganz leicht herzustellen, existiert bereits in berliner Lokalen, ist durchaus erfunden und patentiert.

Die Sache läßt sich noch erweitern; man kann gleichzeitig in den Türen Kristallkörper in Drehung versetzen – man kann auch Scheinwerfer aufblitzen lassen; das ist ein freundlicherer Empfang als der durch einen gelangweilten Livreediener.

Die Türen können aus durchsichtigem Glase mit Kristalleffekten und auch aus farbig ornamentierten Gläsern bestehen. Jedenfalls ist wohl jedem Zimmer eine Art von Entree zu geben – das macht den Eintritt doch ein wenig feierlicher.

Und auch die Außentüren können aus Glas sein.

Die Großstädte sind in der jetzigen Form noch nicht fünfzig Jahre alt. Sie können ebenso schnell verschwinden, wie sie gekommen sind. Auch die Schienenwege der Dampfeisenbahn sind nicht unsterblich.

XXVII

Der Stuhl

Das komplizierteste Kapitel des ganzen Kunstgewerbes ist der Stuhl. Der Stuhl aus Stahl scheint eine ästhetische Unmöglichkeit. Und doch läßt sich Stahl durch Email und Niello so herrlich ausgestalten, daß er den Vergleich mit der besten venetianischen Schnitzarbeit nicht zu scheuen braucht. Die Preise der Email- und Niellostühle werden sich keineswegs höher stellen als die geschnitzten Holzstühle, denn für diese werden sehr gern 4 – 500 M gezahlt. Die Emailarbeiten sind so billig, daß sich die Stühle mit Email sehr wohl für 100 M pro Stück herstellen lassen.

Freilich: man wird von einer Industrie, die schockweise ganz gleiche Stühle herstellt, ganz absehen müssen. Von einer Industrie, die künstlerischen Ansprüchen genügen will, kann man wohl verlangen, daß sie ganz gleiche Stücke nach Schema F nicht mehr verzapft.

Die Zukunftsstuhlindustrie, die ja leider, wie mir sehr wohl bekannt ist, momentan noch nicht besteht, sei lebhaft auch auf die Glashaare hingewiesen. Dann sollten nur noch feuersichre imprägnierte Stoffe verwendet werden – auch im Diwan und im Bodenbelag. Auch hier werden die Glashaare das wichtigste Material sein.

XXVIII

Das Metall in der Kunst und im Kunstgewerbe

Mir scheint die Gewohnheit auch in der Kunst und im Kunstgewerbe ein schweres konservatives Bleigewicht zu sein. Weil man zu Großvaters Zeiten aus Holz die meisten Möbel und Kunstgegenstände herstellte, deshalb solls so weiter gehen.

Es soll aber eben nicht so weiter gehen, wenn es weiter gehen soll.

Die Glasarchitektur ist zwingend auch für das Kunstgewerbe und für die Kunst: man wird gezwungen sein, das Metall überall zu bevorzugen.

Die Ästhetiker werden natürlich versuchen, dem entgegenzuwirken; von den bedrohten Holzindustrieen werden die Ästhetiker schon mobil gemacht werden.

Und man wird sehr viel von den wertvollen associativen Vorstellungen reden, die dem Holze innewohnen.

Ich glaube aber, daß all die associativen Vorstellungen, die im Holz stecken, auch in das Metall übertragen werden können – durch künstlerische Ausgestaltung des Metalls – wie ich das ja schon mehrfach angedeutet habe.

Metall soll kalt sein. Holz soll warm sein. Das sind aber Gewohnheitsvorstellungen. Die glasierten Kacheln empfanden wir, als der Kachelofen noch nicht existierte, auch als kalt. Erst durch den Kachelofen wurden uns die Majoliken warm.

Mit dem Metall kanns uns ebenso gehen.

XXIX

Hohle Glaskörper in allen möglichen Farben und Formen als
Wandmalerei (die sogenannten Glassteine)

Die sogenannten Glassteine bilden auch ein Wandmaterial, das
wohl zu einer interessanten Specialität der Glasarchitektur werden
kann.

Es haben sich bereits große Industrieen gebildet, die wohl eine
große Zukunft in allernächster Zeit haben könnten.

Ästhetisch ist alles berechtigt als Wandmaterial, was feuersicher
und Licht durchlassend ist. Die Glassteine dürften viel Eisengerippe
überflüssig machen.

XXX

Aschingers Bauten in Berlin 1893

Ideen müssen, wenn sie wirksam werden wollen, eigentlich »in
der Luft liegen«; es müssen die Ideen in sehr vielen Köpfen zu gleicher Zeit da sein – wenn auch in verzerrter Gestalt. Dieses wurde
mir im Jahre 1893 oder etwas später klar. Franz Evers redigierte die
theosophische »Sphinx« und wurde infolgedessen mit theosophischen, spiritistischen und anderen Schriften überschüttet; in diesem
Wuste fand sich vieles, das zum Lachen zwang. So erklärte auch ein
Herr, dessen Namen ich nicht behalten habe, daß alles Heil im Glase enthalten sei, man müßte immer einen Glaskristall neben sich auf
dem Schreibtisch haben, in Spiegelzimmern schlafen usw. usw.

Das hörte sich alles ganz verdreht an. Aber – Aschingers Bierhal-
len mit den fürchterlichen Spiegeln erschienen mir bald als ein Echo
jener theosophischen Schrift von den Spiegelschlafzimmern. Jedenfalls liegt hier ein telepathischer Kontakt vor.

Jede vernünftige Idee wird nach meiner festen Überzeugung in
vielen Köpfen immer zu gleicher Zeit erscheinen und auch in der
krausesten Verzerrung; man sollte sich also nicht so sorglos über
das Verdrehte und Verrückte aussprechen; es ist zumeist ein Echo
von ganz Vernünftigem.

Im Orient wird der Verrückte und auch der Wahnsinnige auf freiem Fuß belassen und im Volke als Prophet verehrt.

Doch dieses nur nebenbei!

Abschnitte XXXI – LX

XXXI

Das Glasmosaik und der Eisenbeton

Es muß betont werden, daß der Eisenbeton mit Glasmosaik bedeckt wohl das dauerhafteste Baumaterial darstellt, das wir bislang entdeckt haben.

Man hat immer so große Furcht, daß das Glas von ruchloser Hand zertrümmert werden könnte. Nun die Fälle, in denen von der Straße aus Fenster durch Steine zertrümmert werden, sind heute wahrhaftig nicht mehr zahlreich; man wirft viel eher nach einem Menschenkopf mit Steinen als nach einer Fensterscheibe.

Daß Glasmosaik aber mit Steinen beworfen wurde, ist mir gänzlich unbekannt.

Im vorigen Jahrhundert, als die Drähte der Telegraphie aufkamen, wollte man diese Drähte aus Furcht vor der rohen Bevölkerung sämtlich unterirdisch anlegen. Heute aber denkt kein Mensch an die Zerstörung der oberirdischen Drähte.

Deshalb braucht man auch nicht zu fürchten, daß die Glashäuser von Steinen aus roher Hand zugrunde gerichtet werden könnten.

Doch dieses auch nur so nebenbei.

XXXII

Heiz- und Kühlvorrichtungen in besonderen Säulen, Vasen, Hängekörpern usw.

Da zwischen den Doppelwänden das elektrische Licht den Raum beherrscht, so ist die Heizung und Kühlung n i c h t zwischen den Doppelwänden anzubringen, dadurch ginge ja, wie schon gesagt, die Hälfte der warmen und kalten Luft an die uninteressierte Atmosphäre des Hauses ab.

Darum kann die Heizung in Säulen, Vasen und Hängekörpern im Zimmer stehen und hängen und ihre Umschalung kann wie die orientalische Ampel zu einem köstlichen Zierstück ausgestaltet werden.

XXXIII

Die Beleuchtung zwischen den doppelten Wänden (die hängende
im Zimmer natürlich nicht ausgeschlossen)

Daß die doppelten Wände nicht nur zur Temperaturerhaltung
der Zimmer da sein sollen, sondern auch die Leuchtkörper aufzunehmen haben, das habe ich jetzt so oft gesagt, daß ich um Ent-
schuldigung bitten muß. Aber ich wollte betonen und unterstrei-
chen. Durch diese Beleuchtungsart wird das ganze Glashaus zur
großen Laterne, die in stillen Sommer- und Winternächten glühen
kann wie Leuchtkäfer und Glühwürmer.

Man kann dabei poetisch werden.

Man kann aber auch die Beleuchtung im Innern des Zimmers anbringen. Diese innere Beleuchtung läßt ja die Wände auch aufleuch-
ten wenn auch nicht so heftig wie das Licht z w i s c h e n den Doppelwänden.

XXXIV

Der Staubsauger auch im Park zugleich als Insektenvertilger

Der Staubsauger wird in allernächster Zukunft uns so wichtig erscheinen wie die Wasserleitung.

Und man wird den Staubsauger auch im Park verwenden, da die
parkettierten Parkwege vom Staube freizuhalten sind.

Dann wird man naturgemäß die Staubsauger auch als Insektenvertilger gebrauchen. Es ist geradezu haarsträubend, daß der Staubsauger heute noch nicht zum Insektenvertilgen gebraucht wird.

Daß der Staubsauger bereits bei Beseitigung des Straßenstaubes
Verwendung findet, setze ich als bekannt voraus.

XXXV

Die Ventilatoren, die die üblichen Fenster verdrängen

Daß die Ventilatoren in einem Glashause eine »Hauptrolle« zu
spielen haben, wird sehr natürlich erscheinen.

Die Ventilatoren werden aber auch alles Fensterartige verdrängen.

Wenn ich in meinem Glassaale bin, will ich von der Außenwelt nichts hören und sehen.

Hab ich Sehnsucht nach Himmel, Wolken, Wald und Wiese – so kann ich ja hinausgehen oder mich in eine Extra-Veranda mit »durchsichtigen« Glasscheiben begeben.

XXXVI

Die Lichtsäulen und die Lichttürme

Die Säulen waren bislang nur zum Stützen da. Der Eisenbau braucht weniger Stützen als der Backsteinbau; die meisten Stützen sind im Glashause überflüssig.

Um nun die Säulen in größeren Glashallen noch leichter zu machen, kann man sie mit Lichtkörpern hinter voller Glasumrahmung ausstatten, dann machen diese Lichtsäulen nicht den Eindruck des Stützenden, und die ganze Architektur wirkt viel freier – so als trüge sich alles von selbst; die Glasarchitektur wird etwas Schwebendes bekommen durch diese Lichtsäulen.

Die Türme sollten immer einen Ort oder eine Stadt kennzeichnen. Es ist naturgemäß, daß man bestrebt sein muß, die Türme auch zur Nacht herauszuheben. Darum müssen alle Türme unter der Herrschaft der Glasarchitektur Lichttürme werden.

XXXVII

Die Orientierung für die Luftschiffahrt

Die Luftschiffahrt wird zweifellos bestrebt sein, auch die Nacht zu erobern.

Schon darum müssen alle Türme Lichttürme werden. Und – damit die Orientierung leicht ist, wird man jeden Lichtturm anders bauen, anders beleuchten und durch Glaskörper verschiedenster Form ausstatten.

Eine Uniformierung der Lichttürme ist deswegen vollständig ausgeschlossen.

Das Signalwesen in den Türmen kann noch so einfach sein, der Turm selbst muß so von jedem andern verschieden sein, daß der Luftschiffer sofort informiert wird, wo er ist.

XXXVIII

Ukelei-Perlmutter auf der Betonwand

Uberall werden natürlich nicht die lichtdurchlassenden Wände möglich sein – vor allem deshalb, weil der Hausbesitzer auch mal zwischen nicht Licht durchlassenden Wänden in vollkommener Abgeschlossenheit sitzen oder liegen möchte.

Pür derartige Räume sind aber Papier- und Stofftapeten ihrer Feuergefährlichkeit wegen zu vemeiden – und auch die Holzverschalung ist nicht mehr zeitgemäß – sie ist ebenso vergänglich wie Papier und Stoff, läßt den Wurm hinein und ist auch feuergefährlich.

Da muß nun ein anderes Wandbekleidungsmaterial verwandt werden. Der Eisenbeton ist nicht leicht künstlerisch zu bearbeiten; er ist so hart wie Granit, und Email und Niello sind immerhin nicht allzu billig.

Die Wachsperlen sind mit Ukelei-Perlmutter überzogen.

Vielleicht empfiehlt sich dieser Uberzug auch für die Wände. Sie könnten leicht mit Halbedelsteinen oder Glasbrillanten verziert werden.

Doch ist es wohl möglich, daß dieser Perlmutterüberzug, wenn ihm unebene Grundfläche gegeben ist, auch allein wirken könnte.

Ob dieses künstliche Perlmutter die Farbe behält, wenn das Tageslicht fern gehalten wird, müßte ausgeprüft werden.

Kuppelförmige, wellenartige Anschwellungen sind vielleicht sehr möglich, auch wenn sie regelmäßig und symmetrisch angebracht werden.

XXXIX

Drahtglas

Doch das Wertvollste bleibt natürlich für die Wände ein gutes Glasmaterial.

Das nach dem Glasmosaik haltbarste Glasmaterial ist aber das sattsam bekannte Drahtglas. Es kommt besonders für die Außenwand in Betracht.

Das Drahtglas kann heute schon so behandelt werden, daß das Drahtnetz kaum noch sichtbar ist.

In der Außenwand stört aber das Netz nicht, da es von außen der größeren Entfernung wegen nicht zu sehen ist.

XL

Das Senkrechte in der Architektur und dessen Uberwindung

Die Backsteinarchitektur der Vorzeit hat in den Kuppeln oft das Senkrechte überwunden. In den Wänden vom Senkrechten abzugehen, schien aber unmöglich. Das wird in der Glasarchitektur ganz anders.

Schon das große Palmenhaus im Botanischen Garten zu Berlin hat ni cht mehr senkrechte Wände; die Krümmung nach oben fängt schon in drei Metern Höhe an.

XLI

Die Möglichkeiten, die die Eisenkonstruktion entwicklungsfähig machen

Die Eisenkonstruktion gestattet, den Wänden ganz beliebige Formen zu geben. Das Senkrechte in den Wänden ist nicht mehr eine Notwendigkeit.

Die Möglichkeiten, die die Eisenkonstruktion entwicklungsfähig machen, sind darum ganz unbegrenzt.

Man kann die Kuppeleffekte oben in die Seiten verlegen, sodaß man an einer Tafel sitzend nur seitwärts nach oben zu blicken braucht, um die Kuppeleffekte zu überschauen.

Die gekrümmten Flächen wirken aber auch in den unteren Teilen der Wände – besonders leicht ist diese Wirkung bei kleineren Räumen zu erzielen.

Die kleineren Räume sind ganz und garnicht mehr an das Senkrechte gebunden.

Die Bedeutung des Grundrisses in der Architektur wird dadurch sehr zurückgedrängt; die Profilierung des Ge- bäudes wird jetzt wichtiger als bisher.

XLII

Die verstellbaren Glaswände in der Wohnung und im Park

Der Japaner macht seinen Wohnraum dadurch immer wieder anders, daß er durch Wandschirme den ganzen Wohnraum in kleinere Räume zerlegt. Uber diese Wandschirme werden immer wieder andere Seidenstoffe gelegt, sodaR der kleinere Raum auch immer wieder anders aussehen kann.

Ähnliches läßt sich durch verstellbare und verschiebbare Glaswände in den Wohnräumen der Glasarchitektur erreichen.

Bringt man die verstellbaren Glaswände, die natürlich nicht senkrecht sein müssen, auch im Park an, so kann man dort die herrlichsten Perspektiven schaffen, und eine sehr leichte höhere Wandschirmarchitektur könnte dem Parke eine neue architektonische Bedeutung geben.

Und stets variabel wäre dieses Neue.

XLIII

Die Uberwindung der Feuersgefahr

Es ist wohl deutlich, daß die Glasarchitektur nach dem Gesagten die Feuerwehr überflüssig macht.

Bei Vermeidung aller brennbaren Materialien ist die Feuerversicherung abzuschaffen.

Die Vermeidung der Feuersgefahr aber sollte die Architektur immerzu im Auge behalten, deshalb auch im Kunstgewerbe und in der Innendekoration nur Stoffe zulassen, die nicht brennen können.

XLIV

Die Überwindung des Ungeziefers

Daß das Ungeziefer in einem Glashause, wenn es richtig gebaut ist, unbekannt sein muß, braucht wohl nicht weiter erörtert zu werden.

XLV

Die Scheinwerfer im Park und auf den Türmen und Hausdächern

Da die farbigen Gläser das Licht sehr stark dämpfen, so haben wir momentan noch viel zu wenig elektrisches Licht. Wir hätten aber tausendmal mehr, wenn wir überall, wo fließendes Wasser ist, soviel Wasserturbinen anbrächten, als möglich ist.

Haben wir aber erst genügend viel Licht, so haben wir auch viel mehr Scheinwerfer als bisher. Die Nacht kann zum Tage werden.

Und die Nacht kann herrlicher sein als der Tag – ganz abgesehen von der Pracht des Sternenhimmels, der ja bei Umwölkung des Himmels nicht für uns da ist.

Auch der Privatmann wird dann in seinem Park Scheinwerfer haben. Und die werden auch auf allen Dachkonstruktionen und auf den Dachgärten da sein. Und ein Turm o h n e Scheinwerfer wird dann ganz unbekannt werden und unnatürlich wirken. Die Luftschiffer werden sich über Türme o h n e Scheinwerfer empört zeigen.

XLVI

Die Uberwindung der »usuellen« Illuminationseffekte

»Illuminationsarchitektur« wird die Glasarchitektur von ihren Gegnern, die natürlich nicht ausbleiben dürften, höhnisch genannt werden. Dieser Spott der Gegner ist aber als ungerecht zu bezeichnen, da es keinem Menschen einfallen wird, ein Glashaus so zu illuminieren, wie heutzutage ein Backsteinhaus illuminiert wird; das Glashaus ist ja, wenn es innerlich erleuchtet wird, ein ganz selbständiger Illuminationskörper, der ja infolge der vielen Illuminationskörper nicht so grell wirken kann wie die primitiven Illuminationskörper der heutigen Zeit.

Durch Einstellung beweglicher Spiegelscheiben lassen sich die Scheinwerfer tausendfältig und in allen möglichen Farben zum Himmel emporsenden.

Spiegel (mit Vorsicht zu verwenden!) und Scheinwerfer zusammen werden die usuelle Illumination verdrängen. Die neue Illumination wird hauptsächlich für die Luftschiffahrt – gleichzeitig orientierend – da sein.

XLVII

Das Ende der Fenster, die Loggia und der Balkon

Nach Einführung der Elektrizität im Koch- und Heizwesen muß unbedingt der Schornstein in Wegfall kommen. Man sagt ja, daß diese Einführung sehr kostspielig sei. Aber man vergißt, daß die Technik sich immer noch rapider weiterentwickelt; die Technik entwickelt sich allerdings in der Werkstatt und im Gelehrtenzimmer und verschmäht es, viel von sich reden zu machen. Dadurch wird jedoch der Eifer nicht geringer.

Und auch von Fenstern wird man nach Einführung der Glasarchitektur nicht mehr viel reden; das Wort Fenster wird auch im Lexikon verschwinden.

Wer die freie Natur sehen will, kann ja auf seinen Balkon oder in seine Loggia gehen, die natürlich so eingerichtet sein können, daß man die freie Natur so sieht wie einst. Die freie Natur wird dann aber nicht mehr durch häßliche Backsteinhäuser unangenehm wirken.

Das sind freilich Zukunftsbilder, doch solche, die wir im Auge behalten müssen, wenn die neue Zeit mal entstehen soll.

XLVIII

Steinmosaik für den Fußboden

Es ist bislang der Fußbodenbelag hier noch nicht genügend erörtert worden. Die Steinfliesen sind für alle Wege und Plätze des Parkes empfohlen, aber für das innere der Häuser ist der Fußbodenbelag als nebensächlich behandelt – nur Steinholz wurde erwähnt.

Für den besseren Raum ist nun nur Steinmosaik zu empfehlen. Natürlich – die Farben des Fußbodens müssen den Glaswänden entsprechend abgestimmt werden oder Kontrastwirkungen zeigen.

Vielleicht ist auch ein Teppich aus Glashaaren durchzuführen. Nur die brennbaren Stoffe sind zurückzudrängen – auch die Stoffteppiche, wenn sie sich nicht imprägnieren lassen, sind zu vermeiden – wenns auch schwer fällt.

IL

Die Modelle für Glasarchitektur

Das Allerwichtigste wäre natürlich, wenn eine Anzahl von Modellen für Glasarchitektur ausgestellt würde. Hoffentlich geschieht das auf der Werkbundausstellung zu Köln am Rhein 1914, für die Bruno Taut ein Glashaus gebaut hat, in dem die ganze Glasindustrie vertreten sein soll.

Mir scheint es nicht richtig, die Modelle für Glasarchitektur aus Pappe und Marienglas herzustellen. Aber die Modelle aus Messing und Glas werden nicht billig sein.

Es müßte sich eine neue Modellbau-Industrie bilden, die nur mit guten Materialien die Modelle für Glasarchitektur herstellt; unter diesen Modellen müßten sich auch Kirchenbauten befinden.

Vielleicht empfiehlt es sich, für größere Modelle eine andere Glasimitation zu verwenden. Vor zirka 20 Jahren gab es einen Stoff, der »Tektorium« genannt wurde – es war ein lichtdurchlassender, farbiger, lederartiger Stoff auf Drahtnetz. Für Modellzwecke wäre er wohl zu empfehlen, für Bauten ist er nicht haltbar genug, obwohl er immer ausgeflickt werden kann.

L

Gebirgsbeleuchtung

Phantastisch klingt so manches, was im Grunde ganz und gar nicht phantastisch ist. Denkt man bei Gebirgsbeleuchtung an die Beleuchtung des HimalayaGebirges, so ist das wohl eine scherzhafte Phantasterei, die von Praktikern garnicht diskutabel genannt werden dürfte.

Anders wirkt schon die Beleuchtung der Berge in der Nähe des Luganer Sees. Da gibt es so viele Hotels, die sich gerne in Szene setzen möchten, daß sie zur Glasarchitektur wohl Neigung hätten, wenn die Sache nicht ihre Mittel überstiege; die Mittel dieser Hotels sind aber nicht unbedeutend, und die Beleuchtung der Gebirge durch die Beleuchtung der Hotels, wenn diese zu Glasarchitektur werden, ist wohl nicht mehr phantastisch zu nennen.

Die Zahnradbahn, die zum Rigi hinauffährt, ist sehr leicht effektvoll (auch durch Scheinwerfer) zu beleuchten.

Und – hat erst die Luftschiffahrt die Nacht erobert, so wird die ganze Schweiz bald ihre Berge auch des Nachts durch Glasarchitektur bunt leuchtend machen.

Man vergißt immer wieder, wie rasch sich in den letzten Jahrhunderten so manches verändert hat. In den dreißiger Jahren des vorigen Jahrhunderts kannte der alte Goethe noch nicht die Schienenwege der Dampfeisenbahn. Es sind noch nicht hundert Jahre seitdem vergangen – und die ganze Erde ist mit Schienenwegen umspannt. So schnell kann sich auch die Gebirgsbeleuchtung entwickeln, die heute noch vielen immer wieder als Phantasterei erscheint.

LI

Parkbeleuchtung

Früher als die Gebirgsbeleuchtung aber wird sich die Parkbeleuchtung entwickeln.

Haben wir erst mehr elektrisches Licht, so ergibt sich vieles ganz von selbst.

Vor allem sollte man in den Parks (wie schon erörtert) an verschieden geformte Türme zur Orientierung der Luftschiffahrt denken.

Ein Glasturm ist nicht n u r mit Scheinwerfern auszustatten; viele Glasflächen lassen sich verschiebbar herstellen und könnten so kaleidoskopartig öfters wieder anders zur Wirkung gelangen.

Die Möglichkeiten sind auch hier unübersehbar groß.

LII

Gespensterhafte Beleuchtung

Wir denken, wenn wir vom Licht sprechen, gewöhnlich nur an das grelle Licht von Gas und Elektrizität. In den letzten 50 Jahren hat das Licht sich ganz überraschend entwickelt. Das geht alles so schnell, daß man kaum mitkommt.

Hat man aber das Licht in größerer Fülle, was durch Verwendung von mehr Wasserturbinen und Windmotoren durchaus erreichbar ist, so braucht man das L~cht nicht immer grell wirken zu lassen, man kann es durch Farbe dämpfen.

Und man kann es durch Farbe so dämpfen, daß es gespensterhaft wirken könnte, was ja vielleicht sehr vielen Menschen sympathisch erscheinen wird.

LIII

Die feste Wand als Hintergrund für Plastik

Wo man die festen undurchsichtigen Wände nicht beseitigen kann oder will, da eignen sie sich vielleicht als Hintergrund für plastische Gebilde. Diese brauchen ja nicht figürlicher Art zu sein. Auch Ornamentales läßt sich plastisch sehr wirksam vor einer Wand ausspannen. Und Pflanzenmotive sind auch leicht anzubringen.

Nur die Malerei halte man von der Wand fern; sie beeinträchtigt in jedem Falle die architektonische Geschlossenheit eines Gebäudes.

LIV

Die Automobile und Motorboote und das farbige Glas

Nun aber übertrage man die Glasarchitektur auf die beweglichen Dinge – auf die Automobile und Motorboote.

Dadurch wird die Landschaft ganz anders werden; schon die Schienenwege der Dampfeisenbahn haben die Landschaft verändert – so verändert, daß sich Jahrzehnte hindurch die Menschen garnicht an die Veränderung gewöhnen konnten. Die farbigen Automobile aus glänzenden Glasflächen und die Glas-Motorboote werden die

Landschaft aber in so angenehmer Weise verändern, daß die Menschheit sich an diese Veränderung hoffentlich rascher gewöhnen dürfte.

LV

Die Dampfbahn und die Elektrischen farbig leuchtend

Wenn die Glasarchitektur einmal siegreich auch die Automobile und Motorboote ergriffen hat, so wird natürlich auch den anderen Vehikeln – besonders denen, die auf Schienenwegen dahinrasen – nichts andres übrig bleiben – als sich auch der Glasarchitektur anzupassen.

Dann werden wir einen wundervollen Eindruck haben, wenn wir einen Schnellzug farbig leuchtend am Tage oder in der Nacht durch die Landschaft sausen sehen.

Die von den empfindsamen Naturen anfangs so unfreundlich begrüßte Eisenbahn wird uns schließlich ein künstlerisches Entzücken verschaffen, das momentan noch garnicht zu beschreiben ist.

LVI

Die Natur in andrem Licht

Die ganze Natur wird uns nach Einführung der Glasarchitektur in allen Kulturregionen in ganz andrem Licht erscheinen. Das viele farbige Glas muß der Natur einen andern Ton geben, so als wenn ein neues Licht über die ganze Natur der Erde ausgegossen würde.

Dabei ist es garnicht nötig, daß man die Natur durch ein farbiges Stück Glas ansieht. Ist überall sehr viel farbiges Glas in Gebäuden, dahinsausenden Wagen, Luft- und Wasservehikeln, so geht von den Glasfarben zweifellos so viel neues Licht aus, daß man wohl behaupten könnte, die Natur erscheine in »andrem« Licht.

VII

Der Eisenbeton im Wasser

Der Eisenbeton hat sich bekanntlich im Wasser bewährt; er ist gradezu unverwüstlich.

Der Eisenbeton eignet sich also für ein neues Venedig, das in seinen Fundamenten undurchsichtig, fest, rostfrei und unverwüstlich sein muß. Auf dieser guten Grundlage kann dann die bunteste Glasarchitektur kommen und sich im Wasser spiegeln.

Ein derartiges neues Venedig wird das alte sehr verdunkeln. Wasser »gehört« eigentlich der Spiegelung wegen zur Glasarchitektur; beide sind beinahe nicht voneinander zu trennen, sodaß man später auch dort viel Wasser anbringen wird, wo momentan gar kein natürliches Wasser ist.

Würde man aber nach dem Beispiel des alten Venedig eine Kolonie mit stillen Wasserstraßen anlegen, so ist natürlich von vornherein auf die altvenetianische Fassadenarchitektur zu verzichten; die verträgt sich nicht mit den Glasbauten, die, wenn sie mehrere Etagen hoch sein sollen, in jedem Falle pyramidal mit Terrassen gebaut werden müssen, sonst kommt zu wenig von den Glaswänden an das Tageslicht.

Liegen die einzelnen Terrains sehr nahe aneinander, so ist für imposante Umwandung der Terrains zu sorgen. Diese kann aus Eisenbetonwänden sein, die oben überdacht und auf einer Seite frei als Wandelhallen zu denken wären.

Doch kann man die Umwandung noch ganz anders herstellen.

Dieses Thema kann jedermann weiter ausgestalten, auch wenn er n i c h t Architekt ist.

LVIII

Schwimmende Architektur

Wenn der Eisenbeton, wie doch von vielen Seiten auch von der staatlichen Materialprüfungskommissior – öfters erklärt wurde, tatsächlich vom Wasser nich angegriffen werden kann, so ist der Eisenbeton im stande, schiffartig die größten Bauten zu tragen.

Und wir können ganz im Ernste von einer schwimmen den Architektur reden. Für diese gilt natürlich alles das, was im vorigen Kapitel vom neuen Venedig gesagl worden ist.

Die Gebäude lassen sich natürlich immer wieder anders zusammensetzen oder voneinanderschieben, sodaß jede schwimmende Stadt alle Tage anders ausseher könnte.

Die schwimmende Stadt kann in größeren Seegebieten herumschwimmen. Aber sie könnte vielleicht auch im Meer herumschwimmen.

Das klingt sehr phantastisch und utopisch, ist es aber ganz und gar nicht, wenn der Eisenbeton als unverwüstlicher Schiffskörper die Architektur trägt. Boote – unverwüstliche – aus Eisenbeton sind bereits in Deutsch-Neuguinea hergestellt. Das ist eine Tatsache.

Immer wieder müssen wir uns daran gewöhnen, daß neue Baumaterialien, wenn sie wirklich von unerreichter Festigkeit und Rostfreiheit sind, die ganze irdische Architektur in neue Bahnen bringen können.

Der Eisenbeton ist aber ein solches Baumaterial.

LIX

Flußschiffahrt und Seeschiffahrt in farbiger Beleuchtung

Sobald es schwimmende Glasarchitektur gibt, wird natürlich das Schiff – sowohl das größere wie das kleinere – sich auch mit Glasarchitektur ausstatten.

Das wird dann sehr bunt auf den Flüssen, Seen und Meeren werden.

Es gehört nicht viel Scharfsinn dazu, diese Entwicklung der Fluß- und Seeschiffahrt vorauszusagen, wenn eine schwimmende Architektur irgendwo durchgeführt ist und Nachfolge erhalten hat.

LX

Die Luftvehikel mit farbigen Scheinwerfern

Daß sich die Luftschiffahrt der Nacht bemächtigen möchte, ist allgemein bekannt.

Daß sie sich der Nacht noch nicht bemächtigt hat, ist sehr wohl motiviert; auf der Erde ist es des Nachts noch nicht hell genug.

Ist es aber erst durch die Glasarchitektur unten hell geworden, so wird es auch oben in den Lüften hell werden; die Luftvehikel werden mit farbigen Scheinwerfern ausgerüstet, die gleichzeitig für eine Signalsprache Verwendung finden, sodaß eine Verständigung mit den Scheinwerferstationen der Erdtürme überall möglich wird und dem Farbenspiel unten wie oben auch einen praktischen Wert verleiht.

Es greifen hier die Entwicklungsfaktoren überall harmonisch ineinander und verwandeln langsam aber stetig das Leben auf der Erdoberfläche vollständig.

Die Umwandlungen, die die Dampfbahn hervorbrachte, sind nicht so bedeutend und umfassend gewesen wie die bevorstehenden Umwandlungen, die der Glas- und Eisenbau hervorbringen muß. Der Hauptfaktor dabei ist zweifellos der Eisenbeton.

Abschnitte LXI – CXI

LXI

Der Eisenbeton in der höheren Zaunarchitektur

Der Eisenbeton kann ein paar Centimeter breit sein, und er ist sehr bequem als Zaun zu verwerten. Wenn der Eisenbeton künstlerisch mit Email, Glasmosaik oder plastischer Ausmeißelung mit Niello ansehnlich gemacht wird, so können die Zäune, wie schon gesagt, auch leicht zu Wandelgängen umgebildet werden.

In der Zaunarchitektur wird der Eisenbeton ebenfalls eine große Rolle spielen.

LXII

Die Terrassen

Die Terrassenformation ist bei höheren Glasbauten und bei mehreren Etagen zweifellos eine Notwendigkeit, da ja sonst die Glasflächen nicht an die freie Lichtluft gelangen können, wo sie doch hinwollen, da sie ja im Dunkeln ihren Zweck nur des Nachts erfüllen können – und nicht am Tage.

Diese Terrassenformation der Etagen wird natürlich die langweilige Frontarchitektur der Backsteinhäuser rasch verdrängen.

LXIII

Die Aussichtspunkte

Man stelle sich die Aussichtspunkte vor, von denen aus wir heute ein Stadt- oder Landbild überschauen können.

Diese Aussichtspunkte werden uns ganz andere Bilder zeigen, wenn die Glasarchitektur allgemeiner geworden ist und alle Vehikel (auch die fliegenden) farbiges Glas in der Fülle zeigen.

Man muß sich nur Mühe geben, solche Aussichtspunkte sich greifbar vorstellbar zu machen. Es ist nicht leicht, macht aber die Phantasie bald geschmeidig, daß sie schließlich mehr gibt als einzelne Details.

LXIV

Das Glas in den Fabrikgebäuden

Will man ein umfassendes Bild der Glasarchitekturwelt haben, so ist auch nötig, sich die Fabrikgebäude in Glas zu denken. Man wird ja hier nicht gleich überall backsteinzerstörend vorgehen, sondern zunächst den Backstein mit Glasmaterial und Glasuren umkleiden – und auf den Dachgärten Pavillons aus Glas anbringen usw.

LXV

Markthallen ganz aus Glas und Eisen

Daß die Markthallen heute bereits ganz aus Glas und Eisen hergestellt werden, ist bekannt. Es fehlt nur die Doppelwandigkeit und das farbige Ornament. Es ist aber nicht phantastisch, wenn man annimmt, daß beides bald kommen wird. Diese Vervollständigung einer Glas- und Eisenarchitektur wird nicht lange auf sich warten lassen.

LXVI

Die Kirchen und Tempel

Größere Kirchenbauten werden in Europa durch die unnatürliche Ansammlung von Menschen in den größeren Städten sehr wohl geplant und auch ausgeführt.

Ob es hier in einzelnen Fällen möglich sein wird, reine Glas- und Eisenarchitektur unter Ablehnung des Backsteins durchzusetzen, weiß ich nicht.

Wohl aber weiß ich, daß die größere Billigkeit des Glas- und Eisenbaues diesem zum Erfolge verhelfen muß; diese größere Billigkeit haben wir natürlich erst dann, wenn eine größere Zahl von Firmen einander Konkurrenz machen – was zu erwarten ist.

Die freien Sekten in Amerika werden mit dem Bau von Glastempeln wohl die ersten sein, die auf religiösem Gebiete die Glasarchitektur einen guten Schritt vorwärts bringen.

Es wäre nötig, hier zu betonen, daß die ganze Glasarchitektur von den gotischen Domen ausgeht. Ohne diese wäre die Glasarchitektur garnicht denkbar; der gotische Dom ist ihr Präludium.

LXVII

Die Klub- und Sporthäuser

Klub- und Sporthäuser werden heute in großer Anzahl erbaut. Da es sich in diesen fast immer um kapitalkräftige Gesellschaften handelt, so täten die Glasarchitekten gut, diesen näherzutreten; die Vorzüge der Glasarchitektur in Räumen, die hauptsächlich der Geselligkeit dienstbar sind, lassen sich leicht deutlich machen.

LXVIII

Der Militarismus und die Backsteinarchitektur

Man hat so häufig immer nur auf die Schädlichkeit des Militarismus hingewiesen; er hat auch seine gute Seite. Und diese besteht darin, daß er bei der Bedeutung der dirigeablen Lufttorpedos auf die Gefährlichkeit der Backsteinarchitektur hinweisen muß; ein Kirchturm ist, wenn er aus Backstein ist und unten von einem Torpedo getroffen wird, in jedem Falle umzustürzen, vernichtet viele Menschenleben und macht einen ganzen Gebäudekomplex zum Trümmerhaufen.

Der Militarismus wird also, wenn er logisch vorzugehen wagt, der Backsteinkultur abhold sein müssen; das ist die gute Seite des Militarismus. Das wird noch öfters betont werden – besonders von denen, die es müde sind, als »Backsteinhäusler« weiterzuleben.

Ein Glasturm ist, wenn er von mehr als vier Grundpfeilern aus Eisen getragen wird, nicht durch ein Lufttorpedo umzuwerfen; es werden nur ein paar Eisen verbogen, und eine Anzahl Glasscheiben werden platzen oder Risse bekommen; dieser Schaden ist leicht wieder zu reparieren.

LXIX

Die Parlamentsgebäude

Was soeben von den Glastürmen gesagt ist, gilt auch für die Parlamentsgebäude, die ganz aus Stahl und Glas gebaut sind. Auch diese sind zu Kriegszeiten viel widerstandsfähiger als die alten Parlamentsgebäude aus Backstein mit Sandsteinumkleidung.

Diese Behauptung wird vielen sehr paradox erscheinen, sie ist aber ganz logisch. Das Dynamit kann ein Glashaus immer nur partiell schädigen, dem Ganzen gegenüber ist es ziemlich machtlos; es gehört schon ein ganzer Hagel von Dynamitbomben dazu, wenn es gilt, einen größeren Gebäudekomplex zu vernichten, der nur aus Glas und Eisen besteht.

LXX

Restaurants, Cafes, Hotels und Sanatorien

Zweifellos erscheint mir, daß sich zunächst die Restaurants, Cafés und Hotels geneigt zeigen werden, durch Glasarchitektur ein größeres Publikum anzuziehen. Dieses hat für alles Neue immer sehr viel übrig.

Aber auch die Sanatorien werden Glasbauten haben wollen; der Einfluß einer prächtigen Glasarchitektur auf die Nerven ist doch nicht zu bestreiten.

LXXI

Transportable Bauten

Es lassen sich auch transportable Glasbauten herstellen.

Sie eignen sich besonders für Ausstellungszwecke. Derartige transportable Bauten sind ja nicht grade leicht herzustellen. Man vergesse aber nicht, daß bei einer neuen Sache manches Mal grade das Schwierigste zuerst in Angriff genommen wird.

LXXII

Der Zukunftserfinder und die Stoffe, die dem Glase Konkurrenz
machen könnten

Mit Erfindungen sehr viel Geld zu verdienen, ist nicht grade
leicht. Trotzdem wird, wie man mir ohne weiteres zugeben dürfte,
die Zahl der Erfinder täglich größer; es schreckt garnicht ab, wenn
viele Erfinder all ihr Hab und Gut verlieren und garnichts erobern.
Schließlich ist der total verarmte Erfinder trotz allem ein ganz ver-
einzelter Ausnahmefall. Mißerfolge produzieren auch Humor. Und
solange der da ist, ist alles noch nicht so schlimm. Dies nur nebenbei.

Doch ist es wohl nicht zu bezweifeln, daß die Zukunftserfinder,
da ihre Zahl, wie gesagt, täglich größer wird, wohl eine große Zukunft haben könnten oder müßten.

Und man wird auch Stoffe erfinden wollen, die dem Glase Konkurrenz machen können. Ich denke dabei an Stoffe, die elastisch wie
Gummi und lichtdurchlassend sind. Derartiges ist ja schon in dem
erwähnten Tektorium mal erfunden worden; es geht nur zu leicht
kaputt–und das ist immerhin ein Mangel.

Aber – es kann auch anders kommen. Man kann auch Stoffe erfinden, die Lichtdurchlässigkeit mit Haltbarkeit vereinen. Bei der
immer größer werdenden Zahl der Erfinder ist schließlich alles
Mögliche möglich.

LXXIII

Das durch die Zeit nicht zu überwindende Glasornament und
Glasmosaik

Indessen – solange wir das Bessere noch nicht haben, müssen wir
uns mit dem immerhin Guten begnügen. Und dieses ist das Glas
und das Glasornament in Bleifassung und das Glasmosaik und das
Email. Diese herrlichen Materialien sind durch die Zeit nicht überwunden worden; Jahrhunderte und Jahrtausende haben sie über-
standen. Daß sie vor ruchlosen Händen nicht geschützt sind, ist
beklagenswert, aber auch der harte Granit ist nicht vor diesen Händen geschützt. Und der Granit, der zur Bekleidung der ägyptischen
Pyramiden verwandt wurde, ist auch gestohlen worden Darüber

aber wollen wir nicht in Klagen ausbrechen. Hoffen wir, daß die Glasarchitektur den Menschen auch in ethischer Beziehung bessert. Mir erscheint dieses grade als ein Hauptvorzug der glänzenden, bunten, mystischen, großartigen Glaswände zu sein. Und dieser Vorzug scheint mir nicht nur eine Illusion, sondern etwas sehr Veritables zu sein; ein Mensch, der täglicb Glasherrlichkeiten sieht, k a n n keine ruchlosen Hände mehr haben. Dixi.

LXXIV

Ausstellungsbauten in Amerika und Europa

Fabelhafte Berichte über amerikanische Glasbauten haben wir in den letzten zwanzig Jahren öfters in Europa zu lesen bekommen. Teilweise wars sicherlich nur müßige Reporterphantasie. Doch »etwas« Wahres mag wohl dahinter gesteckt haben. Tiffany spielt in Amerika eine große Rolle. Und die Amerikaner kommen wohl den Glassachen sehr entgegen. Es wäre darum sehr interessant, zu erfahren, was in Glas auf der Weltausstellung zu San Francisco 1915 geplant ist.

Ich bin der Meinung, daß sich die Ausstellungsbauten in Amerika von denen in Europa sehr erheblich unterscheiden müssen. Die amerikanischen Brückenkonstruktionen am Niagarafall sind jedenfalls so großartig daß auch ein Ausstellungshallenbau, wenn er nur aus Eisen und Glas bestehen sollte, imposante Dimensionen zeigen dürfte. Ob doppelwandig mit Farbenornamenten – das weiß man ja noch nicht.

Aber – Amerika ist auch das Hauptland für imposante Riesenbauten. Die panamerikanische Bahn, die Nord und Süd gegen militärische Angriffe von 0st und West schützen soll, ist ja wohl momentan das größte Ingenieurwerk der Erde.

Da ist Hoffnung, daß Amerika auch das größte Architekturwerk der Erde in Angriff nehmen könnte. Hoffen wir, daß es aus Eisen mit Glas in allen Farben besteht.

Europa ist zu konservativ und zu langsam.

LXXV

Experimentierterrain für Glasarchitektur

Die Glasmaler verbleien die Glasstücke nie, ohne vorher experimentell die Wirkung festgestellt zu haben. Dieses geschieht bei allen neuen Kompositionen. In der Phantasie ist die Wirkung des Ganzen nicht zu übersehen.

Es ist darum für Glasbauten ebenfalls das Experiment nötig. Wir brauchen ein Experimentierterrain für Glasarchitektur. Es wäre nun sehr empfehlenswert, wenn durch Private und nicht durch den Staat das Terrain zur Verfügung gestellt würde; der Staat bringt seine Regierungsarchitekten hinein, die Künstler leider zumeist nicht sind und auch nicht von heute bis morgen werden können.

LXXVI

»Permanente« Glasarchitektur-Ausstellung

Mit dem Experimentierterrain müßte sich natürlich eine Glasarchitektur-Ausstellung verbinden. Die aber müßte eine »permanente« sein.

Nur dann ist die Glasarchitektur wirksam zu fördern, wenn jede neue Idee auf der Ausstellung immer gleich zur Schau gestellt werden kann – und dort alle Interessenten immer wieder das Beste oder das Neueste bestellen oder ankaufen können.

LXXVII

Das Kristallzimmer, vom lichtdurchlassenden Fußboden aus beleuchtet

Auf der Ausstellung würden besonders Beleuchtungsproben veranstaltet werden müssen.

Man weiß noch nicht, wie ein Saal wirkt, der nur vom lichtdurchlassenden Fußboden aus beleuchtet wird.

Man könnte da auf dem Lichte gehen. Derartiges und vieles Andre müßte ausprobiert werden.

Meines Erachtens müßte hier eine »Glasbaugesellschaft« Kapitalien für Terrain und Ausstellung zur Verfügung stellen. Ist das Interesse erst allgemein, so wäre die Gesellschaft wohl bald gebildet.

LXXVIII

Filigranmetall mit Emaileinlagen frei vor der rohen Eisenbetonwand

Es ist hier an sehr viele Experimente zu denken; sie sind beinahe unübersehbar.

Besonders wird an die Überwindung der rohen Eisenbetonwand gedacht werden müssen. Da ist vielleicht an Filigran mit Emaileinlagen zu denken. Derartiges würde wie ein Schmuckstück wirken – wie Pretiosen en gros. Es läuft manches in der Glasarchitektur auf den Juwelier hinaus. Die Juwelen sollen von Hals und Arm in die Wände.

Damit werden vorläufig die Damen noch nicht einverstanden sein, weil sie fürchten, im Schmuck zu kurz zu kommen. Das ist überhaupt bei manchen Sachen so unsäglich unangenehm berührend, daß alle Menschen immer zunächst nur fragen: Kann mir diese Neuerung nicht schädlich sein?

Die alte Furcht vor Konkurrenz ist überall eine recht wenig erfreuliche Erscheinung – auch in der Kunst.

Die Ölfarbenfabrikanten sind zweifellos Gegner der Glasmalerei, weil sie an dieser nichts verdienen können.

LXXIX

Das Luftschifferhaus mit Luftschiffmodellen an der Decke

Wenden wir uns zu Erfreulicherem!

Die Luftschiffahrt wird meines Erachtens dafür sein, daß im Restaurant-Park der Ausstellung auch ein Luftschifferhaus gebaut wird, in dessen hoher Kuppelwölbung Luftschiffmodelle mit kleinen Scheinwerfern anzubringen wären, die sich bewegen können.

Das wäre eine Variante des Bremer Seeschifferhauses.

Die Luftvehikelmodelle auf diese Art zu verewigen, wäre wohl für die Luftschiffahrt von großem Interesse und ihr sehr angelegentlich ans Herz zu legen.

LXXX

Die gedämpfte Beleuchtung

Es ist zu wiederholen, daß das Streben nicht nach einer größeren Helligkeit des Lichtes hingeht. Diese haben wir bereits.

Darum ist bei der Farbenwahl immer wieder an »Dämpfung« des Lichtes zu denken.

LXXXI

Zwielichteffekte

Und – es ist daran zu denken, auch während des hellen Sonnenscheins in einigen Winkeln Licht hinter farbigem Glase leuchten zu lassen.

Das ergäbe dann in den Dämmerungsstunden wundervolle Zwielichteffekte.

Da muß man natürlich sehr viele Beleuchtungsproben veranstalten.

LXXXII

Die Leuchttürme und die Seeschiffahrt

Wo neue Leuchttürme für die Seeschiffahrt gebaut werden sollen – da hat der Glasarchitekt dafür zu sorgen, daß da in allernächster Zeit Glasarchitektur im großen Stile durchgesetzt wird. Diese ist, da die Leuchttürme zumeist auf hohen Bergen stehen sollen, zweifellos billiger als die Backsteinkultur. Das fürchterliche Hinauffahren der Backsteinziegel fällt fort.

So wird der Bau, wenn die Eisen- und Glasmaterialien durch ein paar Hebelvorrichtungen hinaufgebracht werden, zweifellos billiger. Dieses ist immer wieder zu betonen.

LXXXIII

Lufthäfen als Glaspaläste

Für den Bau der Lufthäfen ist der Glaseisenbau ebenfalls sehr zu empfehlen, da sich ja die Lufthäfen auf weite Entfernung bemerkbar und kenntlich machen sollen – was eben durch farbige Glasornamentik am ehesten zu erreichen ist. Diese wird grade in der Nacht, wenn der ganze Bau durch Scheinwerferdiademe gekrönt ist, am besten zur Geltung kommen und nicht nur die Luftschiffer erfreuen, sondern auch die Menschen, die ein Luftschiff nicht zur Verfügung haben.

LXXXIV

Die Lichtnächte, wenn die Glasarchitektur da ist

Leicht scheint es, zu sagen, daß etwas »unbeschreiblich« ist. Von den Lichtnächten, die uns die Glasarchitektur bringen muß, bleibt uns aber nichts andres übrig, als zu sagen, daß sie wahrhaftig »unbeschreiblich« sind. Man denke an die Scheinwerfer auf allen Glastürmen und in allen Luftvehikeln, und man denke sich die Scheinwerfer in allen Makartfarben. Man denke die Bahnzüge alle ganz bunt. Und man füge die Fabriken hinzu, in denen auch des Nachts das Licht durch farbige Scheiben leuchtet. Und dann denke man an die großen Paläste und Dome aus Glas und an die Villen desgleichen–und auch an stadtartige Anlagen – auf dem festen Lande und im Wasser – hier oft in Bewegung–und immer wieder andres Wasser in immer wieder anderen Farben.

Auf der Venus und auf dem Mars wird man große Augen machen und die Erdoberfläche garnicht mehr wiedererkennen.

Vielleicht leben dann die Menschen viel mehr in der Nacht als am Tage.

Und die Astronomen werden in stillen Bergschluchten und auf Anhöhen ihre Observatorien erbauen, weil das übergroße Farbenlichtmeer störend für die Beobachtung des Himmels sein könnte.

Und alles dieses hat man nicht nur heute zusammengedacht– das taten schon die großen Baumeister der Gotik; das wollen wir nicht vergessen.

LXXXV

Der Brillanteffekt in der Architektur

Der Brillant wird an den Händen und am Halse geschätzt, in der Architektur wird aber der Brillanteffekt ganz und gar nicht geschätzt.

Ich vermute, daß das nur geschieht, weil der Brillant zu klein und die Architektur zu groß ist.

Es lassen sich aber auch größere Glasbrillanten in Kürbisgröße herstellen. Und die sind garnicht teuer.

Ob die Architektur, wenn das Glas in größeren Mengen überall zu sehen ist, auch noch den Brillanteffekt verschmähen wird? Das scheint mir nicht wahrscheinlich.

Daß auch die Neger und die kleinen Kinder so begeistert am farbigen Glase hängen, spricht doch noch lange nicht gegen dieses.

LXXXVI

Das plastische und das flache Ornament in der Architektur

In der Alhambra finden wir hauptsächlich plastische Ornamentik – allerdings aus vergänglichem Gipsschnitt.

Die Glasarchitektur kann auch plastisches Ornament bringen–aus unvergänglichen Glasmaterialien.

Die feinsten Glasbläsereien lassen sich auch aus Glas herstellen – und auch aus Eisglas und Filigranglas.

Derartige Plastik in der ornamentalen Glaswand dürfte allerdings zuerst nur für Prunkräume in Betracht kommen; dort ist aber diese neue Ornamentplastik durchaus möglich und keineswegs nur ein phantastisches Hirngespinst. Venedig ist noch lange nicht der Gipfel der Glaskultur, obschon es viel gebracht hat, daß man später noch öfters auf Venedig zurückkommen dürfte. Damit will ich nicht Nachahmungen empfehlen; wohl aber scheint mir die venezianische Glaspracht, wie sie hauptsächlich die Paläste der Isola bella zeigen, als Anregungsfaktor sehr empfehlenswert.

Man vergißt oft, daß das heutige Italien ohne Glas eigentlich sehr wenig Anziehungskraft hat. Und dabei ist im heutigen Italien noch so wenig Glas vorhanden.

LXXXVII

Die Umwandlung der Pyrotechnik

Die Pyrotechnik wird sich, wenn überall mehr Glas da ist, auch umwandeln; man kann ja mit tausendfältiger Spiegelung wirken.

Doch dieses Kapitel sei zum weiteren Ausbau den Pyrotechnikern überlassen.

LXXXVIII

Die farbig beleuchteten Teiche, Fontänen und Wasserfälle

Und dieses Kapitel sei dem Gartenarchitekten überlassen. Er wird die Geschichte wohl mit großem Eifer in Angriff nehmen und bemüht sein, noch mehr zu bieten – als die Rokokozeit uns bot.

LXXXIX

Die Entdeckung des Backsteinbazillus

Backstein fault.

Daher der Schwamm.

Und die Entdeckung des Backsteinbazillus ist gar keine »große« Entdeckertat.

Jetzt hat aber auch der Arzt ein großes Interesse daran, daß die Backsteinkultur endlich an die Seite geschoben wird.

In den Kellerräumen der Backsteinhäuser ist die Luft immer von Backsteinbazillen erfüllt; die Glasarchitektur braucht keine Unterkellerung.

XC

Der nervöse Einfluß des vollen hellen Lichtes ohne farbige Dämpfung

Dem vollen hellen Lichte verdanken wir zum Teile die Nervosität
unsrer Zeit.

Das farbig gedämpfte Licht wirkt nervenberuhigend. Es wird daher auch in vielen Sanatorien von den Nervenärzten als Heilfaktor
empfohlen.

XCI

Die Bahnhofsanlagen in Glasarchitektur

In den Bahnhofsanlagen, die doch zum Teil bloß gegen Wind und
Regen schützen sollen, ist die Glasarchitektur so am Platze, daß
darüber Weiteres nicht gesagt zu werden braucht.

XCII

Die gleichartigen Straßenlaternen und deren Beseitigung

Wenn etwas abscheulich genannt werden soll, so sind es nach
meiner Meinung die gleichartigen Straßenlaternen, die in allen Städten der Sternrinde einander so ähnlich aussehen, daß man verwun-
dert sein muß, daß eine »derartige« Wiederholung bei den Menschen überhaupt möglich war.

Die Wiederholung ist glücklicherweise rasch zu beseitigen durch
farbige Glasampelkompositionen, die unsäglich viele Formen gestatten.

Diese »Beseitigung« wird natürlich kommen – und zwar sehr
bald.

XCIII

Das heutige »Reisen«

Heute reist man aus purer Nervosität.

Man will etwas Andres haben.

Und obschon man weiß, daß alle Hotels und Stadtanlagen, Hochgebirgsdörfer und Badeorte eine verzweifelte Ähnlichkeit miteinander haben, reist man doch hin. Man reist, obschon man weiß, daß man wo anders nichts Besseres hat.

XCIV

Das zukünftige »Reisen«

In der Zukunft wird man »reisen«, um sich neue Glasarchitektur anzusehen, die an allen Orten der Erde immer wieder anders aussehen wird.

Der »Glasarchitektur« wegen zu reisen, hat doch jedenfalls einen Sinn; man darf doch an anderen Orten sehr wohl neue Glaseffekte »erwarten«. Es ist ja auch anzunehmen, daß neun Zehntel der Tagespresse nur von neuen Glaseffekten berichten werden.

Die Tagespresse »braucht« das Neue – darum wird sie dem Glase nicht feindlich gesinnt sein.

XCV Der Doppler- und Zeeman-Effekt

Man hat öfters gesagt, daß das Glas eine »edle« Sache nicht sei.

Demgegenüber sei nur an die Frauenhoferschen Linien des Glasspektrums erinnert.

Außerdem: Charles Doppler entdeckte, daß das Licht, wenn es sich nähert oder entfernt, die Frauenhoferschen Linien zum Infrarot oder zum Ultraviolett verschiebt.

Nach Anwendung der Photographie ist es gelungen, diese Verschiebung zu messen. Aus diesen Messungen wissen wir selbst von lichtschwachen Sternen ganz genau, ob sich diese uns nähern oder von uns entfernen – und zwar auch den Grad ihrer Geschwindigkeit.

Ohne Glas wäre der Doppler-Effekt nirgendwo erkennbar; ich dächte, daß auch dieses Bände für die Bedeutung des Glases spricht.

Der Zeeman-Effekt entsteht durch die Einwirkung eines Magnetfeldes auf eine Flamme; das Spektrum zeigt dann die Frauenhoferschen Linien plötzlich verdreifacht. Aus diesen Triplets kann man auf das Dasein magnetischer Felder schließen, die in den Sonnenwirbeln nachgewiesen sind und die Konstitution der Sonnenflecke erklären.

Ich glaube, daß auch der Zeeman-Effekt für die Bedeutung des Glases Bände spricht.

Es ist darum nicht mehr gestattet, das Glas als minderwertige Sache zu bezeichnen; wer das tut, scheidet aus den Kreisen der Gebildeten einfach aus.

XCVI Welche Interessenkreise durch die Glasarchitektur gefördert oder gefährdet werden

Maurer und Zimmermann sind nach dem bislang Gesagten zweifellos in ihrer Existenz bedroht – auch die gesamte Holzindustrie, Tischler, Drechsler usw.

Aber – so schnell entwickelt sich die Sache nicht, daß eine Umwandlung der Geschädigten unmöglich wäre; diese haben durchaus Zeit, in die Metall- und Glasindustrie überzugehen – hier werden sehr viele neue Kräfte verlangt, und dem Übergange steht nichts im Wege.

Allerdings sagt mancher Schlosser, daß ein Maurer niemals Schlosser werden könnte; das sagt der Schlosser aber nur, weil er die Konkurrenz fürchtet.

Die Kreise aber, die durch die Glasarchitektur gefördert werden müssen, sind hauptsächlich die Schwerindustrie, die chemische Farbenindustrie und die Glasindustrie.

XCVII

Die Schwerindustrie

Die Einführung des Eisens in den Hausbau bringt der Schwerindustrie zweifellos so viele neue Aufträge, daß diese Industrie weiter bestehen könnte – auch wenn der ganze Kanonenbau eingestellt würde.

Es hätte demnach die Schwerindustrie ein Interesse daran, die in diesem Buch erörterten Ideen nicht so leicht zu nehmen; es werden durch diese der Industrie große pekuniäre Vorteile gebracht.

Jedenfalls sollte man doch von seiten der Schwerindustrie diejenigen Kreise auf die »Glasarchitektur« aufmerksam machen, die als Bauherren in Betracht kommen könnten.

XCVIII

Die chemische Farbenindustrie

Dasselbe gilt für die chemische Farbenindustrie. Die »Glasarchitektur« wird ungeheuerliche Mengen von Farbe konsumieren.

IC

Die Glasindustrie

Die Glasindustrie hat den Löwenanteil an der »Glasarchitektur«. Das wird Niemand in Abrede stellen. Die Glasindustrie ist in ihrem heutigen Umfange garnicht der größeren Nachfrage gewachsen; die Industrie muß sich also entsprechend vergrößern.

Die pekuniären Erfolge, die dabei der Glasindustrie zufallen, sind vorläufig ganz unüberschaubar.

C

Der Einfluß des farbigen Glases auf die Pflanzenwelt

Auch auf die botanischen Gärten wird die Glasarchitektur einen Einfluß ausüben; man wird von dem ganz hellen Glase, das ohne Farbe ist, allmählich abkommen. Man wird das farbige Glas erst äußerlich dort anbringen, wo es nicht allzu viel Licht verschluckt.

Dann aber wird man die Pflanzen versuchsweise dem farbigen Licht aussetzen. Und da könnten die Wissenschaftler »vielleicht« Überraschungen erleben. Die Versuche dürfen nur nicht in Eile ausgeführt werden.

CI

Die Kunst im Brückenbau

Der Ingenieur hat zeitweilig ein zu großes Übergewicht gehabt – dem Architekten gegenüber. Das war natürlich, denn der Ingenieur war notwendiger.

Heute hat der Ingenieur nicht mehr die Neigung, den ganzen Verdienst allein in die Tasche zu stecken; er gönnt schon gern die Hälfte dem Architekten.

Das wird man bald im Brückenbau gewahr werden. Dort existieren bereits große künstlerische Absichten. Es wäre zu wünschen, daß diese der Glasarchitektur verwandte Absichten sind.

CII

Die Umwandlung der Erdoberfläche

Immer wieder klingt uns manches so märchenhaft, während es garnicht phantastisch oder utopisch ist. Vor achtzig Jahren kam die Dampfbahn und wandelte tatsächlich, wie Niemand leugnen wird, die ganze Erdoberfläche um.

Nach dem bislang Gesagten soll also die Erdoberfläche umgewandelt werden – und zwar durch die Glasarchitektur. Kommt sie, so »wandelt« sie die Erdoberfläche »um«. Dazu gehören natürlich noch andre Faktoren, die hier nicht erörtert werden sollen.

Durch die Dampfbahn ist die heutige Backsteingroßstadtkultur erzeugt, an der wir alle leiden.

Die Glasarchitektur wird erst kommen, wenn die Großstadt in unsrem Sinne aufgelöst ist.

Daß diese Auflösung kommen muß, ist allen denen, die eine weitere Entwicklung unsrer Kultur im Auge haben, vollkommen klar. Darüber zu reden, lohnt sich nicht mehr.

Wir wissen alle, was die Farbe bedeutet; sie bildet nur einen kleinen Teil des Spektrums. Aber den wollen wir haben. Infrarot und ultraviolett ist von unsern Augen nicht wahrnehmbar – wohl aber ist das Ultraviolett von den Sinnesorganen der Ameisen wahrnehmbar.

Wenn wir nun auch vorläufig nicht annehmen können, daß unsre Sinnesorgane sich von heute bis morgen weiterentwickeln, so werden wir doch berechtigt sein, anzunehmen, daß wir zunächst dasjenige erreichen dürfen, was wir erreichen k ö n n e n – eben den Teil des Spektrums, den wir mit unsern Augen zu fassen vermögen – eben die Farbenwunder, die wir in uns aufzunehmen imstande sind.

Dazu aber verhilft uns ganz allein die Glasarchitektur, die unser ganzes Leben – das Milieu, in dem wir leben – umwandeln muß.

So ist zu hoffen, daß die Glasarchitektur unsre Erdoberfläche tatsächlich »umwandelt«.

CIII

Die Umwandlung der Regierungsarchitekten

Wenn ein Privatmann bauen will, sucht er sich den besten Architekten aus.

Wenn der Staat bauen will, so stehen ihm die Regierungsarchitekten zur Verfügung – nicht die besten Architekten, da diese zumeist als freie Künstler leben. Das ist ein beklagenswerter Zustand. Zu beklagen ist hauptsächlich der Staat.

Die Regierungsarchitekten, die immer gleichzeitig in ihren Bewegungen gehemmte Beamte sind (woraus Trägheit und Konservatismus resultieren), müssen wieder zu freien Künstlern werden; im andern Falle stehen sie der weiteren Entwicklung der Architektur nur im Wege.

Den Bauten, die von Regierungsarchitekten hergestellt sind, sieht man an, daß man sich vor der Farbe »fürchtet«; man fürchtet, sich zu blamieren.

Diese merkwürdige Farbenscheu stammt noch vom alten Peter Cornelius; der wußte auch nichts mit der Farbe anzufangen.

Im Botanischen Garten zu Dahlem fehlt ein Orchideenpalast. Ein Glas-Palazzo muß es schon sein. Regierungsarchitekten muß der Bau schon übertragen werden.

Ich bin neugierig, was dabei herauskommt.

Man hat Ofenheizung vorgeschlagen, da die Öfen den Orchideen bekömmlicher sein sollen als die Centralheizung; ich weiß nicht, ob die Konstruktion der Öfen einem Regierungstöpfermeister anvertraut werden wird.

CIV

Die psychischenWirkungen des Glasarchitektur-Milieus

Der seltsame Einfluß des farbigen Glaslichtes ist bereits von den alten Priestern Babyloniens und Assyriens erkannt worden; sie waren die ersten, die die farbige Glasampel in den Tempeln anbrachten.

Und die farbige Glasampel fand später über Byzanz auch in Europa Eingang in die Kirchen.

Aus diesen farbigen Glasampeln wurden zur Zeit der Gotik die farbigen Glasfenster; daß diese also einen besonders feierlichen Eindruck machen, wird nicht weiter verwunderlich sein.

Dieser feierliche Eindruck des farbigen Glases muß aber auch der Glasarchitektur anhaften; ihr Einfluß auf die menschliche Psyche kann demnach nur ein guter sein, da er doch dem Eindruck, den gotische Domfenster und babylonische Glasampeln hervorbrachten, entsprechend ist.

Die Glasarchitektur macht die menschlichen Wohnstätten zu Kathedralen und muß wirken wie diese.

CV

Die Seßhaftigkeit der Bevölkerung, wenn die Glasarchitektur da ist

Wenn die Häuslichkeit so ist, daß in ihr auch die kühnsten Phantasieen realisiert erscheinen, so hört die Sehnsucht nach dem Andern einfach auf; man reist nur noch, um anderswo eine besondere Glaskunstart kennen zu lernen und sie eventuell nach Hause mitzubringen – d. h. sie zu Hause in ähnlicher Komposition herstellen zu lassen.

Dieses aber macht immer wieder seßhaft und unlustig zum nervösen »Reisen«.

Vielleicht entdeckt man irgendwo die Kunst, Glashaare wie Brokat herzustellen, sodaß die Glashaare auch von verschiedenen Seiten betrachtet, verschiedene Farbenwirkungen zeigen.

Vielleicht kann man irgendwo mal Spitzengewebe aus den Glashaaren machen und die auf einer einfarbigen dunkleren Glaswand befestigen; eine intime Wirkung könnte entstehen.

Auch diese macht eine Häuslichkeit so, daß man sie nur ungern verläßt; der Gardineneffekt käme dabei heraus.

Man würde also vielleicht nur reisen, um neue Glaskunstarten kennen zu lernen; es gäbe ja wohl noch manches Neue durch Komposition des Alten. Aber auch ganz Neues ist von großen Erfindern unsrer und einer künftigen Zeit wohl zu erwarten.

CVI

Mehr Farbenlicht!

Es ist also nicht eine Erhöhung der Lichtintensität zu erstreben. Die ist heute schon viel zu stark und kann von uns garnicht mehr ertragen werden.

Gedämpftes Licht ist das Erstrebenswerte.

Nicht »mehr Licht!« – »mehr Farbenlicht!« muß es heißen.

CVII

Das Portal

Das Portal sollte meines Erachtens in einem größeren Palaste immer eine freie Halle aus mehrfachen Glaswänden sein, die so übereinandergekragt sind, wie bei einer köstlichen Orchidee.

Es sollten sich die besten Architekten besonders auf Hallenkonstruktion legen, und dann sollten sie den Innenarchitekten veranlassen, die komplizierten Wirkungen des Hallenportals zu übertrumpfen.

Dadurch könnte oft ein sehr edler Wettstreit entstehen; es ist nur nötig, daß der Bauherr auch die Kosten dieses Wettstreites zu tragen vermag und nicht zu bald am Ende seiner Leistungsfähigkeit steht.

CVIII

Das Monumentale

Monumental sind die Pyramiden.

Aber auch der Kölner Dom ist monumental – der Eiffelturm wird heute auch oft so genannt.

Der Begriff des Monumentalen wird sich mit der Glasarchitektur ebenfalls verändern.

Man wird auch Glastürme tief ins Meer hineinbauen; das gibt eine ganz besondere Luxusarchitektur, in der es jedenfalls kühl und sehr still ist.

Auch an riesige Windmühlen, deren Flügel über hundert Meter lang sind, dürften manche Leute denken; die Rathaus- und Pulvertürme dürften aber nicht für Windmühlenzwecke verwendbar sein; Backsteinarchitektur hält einem stärkeren Sturm nicht stand.

CIX

Die Straßen und Chausseen als Lichtsäulen-Alleen

Die Flanken der Straßen und Chausseen mit Bäumen zu bepflanzen, wird abkommen. Dazu sind die Bäume nicht hoch genug.

Aber Lichtsäulen, die mit Lichtguirlanden versehen sind und immer wieder anderes Farbenlicht ausstrahlen, sind wohl geeignetes Flankenmaterial zu nennen.

CX

Chemie und Technik im zwanzigsten Jahrhundert

Wir stehen nicht am Ende einer Kulturperiode – sondern am Anfange einer solchen.

Wir haben von Technik und Chemie noch ganz besondere Wunderdinge zu erwarten.

Das wollen wir nicht vergessen.

Es sollte uns immer wieder mutig machen.

Das nicht splitternde Glas wäre hier zu erwähnen, in dem sich zwischen zwei Glasplatten eine Zelluloidplatte mit diesen verbindet.

CXI

Die Glaskultur

Nach dem Gesagten können wir wohl von einer »Glaskultur« sprechen.

Das neue Glas-Milieu wird den Menschen vollkommen umwandeln.

Und es ist nun nur zu wünschen, daß die neue Glaskultur nicht allzu viele Gegner findet.

Es ist dagegen zu wünschen, daß die Glaskultur immer weniger Gegner findet.

Am Alten hängen – das ist ja wohl in manchen Dingen eine ganz gute Sache; wenigstens wird das Alte dadurch erhalten.

Wir wollen auch am Alten hängen – die Pyramiden im alten Ägypten sollen ganz bestimmt nicht abgeschafft werden.

Aber auch das Neue wollen wir erstreben – mit allen Kräften, die uns zu Gebote stehen – mögen diese immer größer werden!

Schluß!

Über tredition

Eigenes Buch veröffentlichen

tredition wurde 2006 in Hamburg gegründet und hat seither mehrere tausend Buchtitel veröffentlicht. Autoren veröffentlichen in wenigen leichten Schritten gedruckte Bücher, e-Books und audio-Books. tredition hat das Ziel, die beste und fairste Veröffentlichungsmöglichkeit für Autoren zu bieten.

tredition wurde mit der Erkenntnis gegründet, dass nur etwa jedes 200. bei Verlagen eingereichte Manuskript veröffentlicht wird. Dabei hat jedes Buch seinen Markt, also seine Leser. tredition sorgt dafür, dass für jedes Buch die Leserschaft auch erreicht wird.

Im einzigartigen Literatur-Netzwerk von tredition bieten zahlreiche Literatur-Partner (das sind Lektoren, Übersetzer, Hörbuchsprecher und Illustratoren) ihre Dienstleistung an, um Manuskripte zu verbessern oder die Vielfalt zu erhöhen. Autoren vereinbaren direkt mit den Literatur-Partnern die Konditionen ihrer Zusammenarbeit und partizipieren gemeinsam am Erfolg des Buches.

Das gesamte Verlagsprogramm von tredition ist bei allen stationären Buchhandlungen und Online-Buchhändlern wie z. B. Amazon erhältlich. e-Books stehen bei den führenden Online-Portalen (z. B. iBookstore von Apple oder Kindle von Amazon) zum Verkauf.

Einfach leicht ein Buch veröffentlichen: **www.tredition.de**

Eigene Buchreihe oder eigenen Verlag gründen

Seit 2009 bietet tredition sein Verlagskonzept auch als sogenanntes "White-Label" an. Das bedeutet, dass andere Unternehmen, Institutionen und Personen risikofrei und unkompliziert selbst zum Herausgeber von Büchern und Buchreihen unter eigener Marke werden können. tredition übernimmt dabei das komplette Herstellungs- und Distributionsrisiko.

Zahlreiche Zeitschriften-, Zeitungs- und Buchverlage, Universitäten, Forschungseinrichtungen u.v.m. nutzen diese Dienstleistung von tredition, um unter eigener Marke ohne Risiko Bücher zu verlegen.

Alle Informationen im Internet: **www.tredition.de/fuer-verlage**

tredition wurde mit mehreren Innovationspreisen ausgezeichnet, u. a. mit dem Webfuture Award und dem Innovationspreis der Buch Digitale.

tredition ist Mitglied im Börsenverein des Deutschen Buchhandels.

Dieses Werk elektronisch lesen

Dieses Werk ist Teil der Gutenberg-DE Edition DVD. Diese enthält das komplette Archiv des Projekt Gutenberg-DE. Die DVD ist im Internet erhältlich auf **http://gutenbergshop.abc.de**

Zeitfracht Medien GmbH
Ferdinand-Jühlke-Straße 7
99095 Erfurt, Deutschland
produktsicherheit@kolibri360.de